Schattenplätze

Einfach nachmachen...

Garten
Rezepte

Dorothée Waechter

Schatten-
plätze

Einfach
nachmachen…

Inhalt

Schöner Schatten

Die Plätze im Garten, die nicht oder nur selten von der Sonne verwöhnt werden, kommen mit Blütensträuchern, mehrjährigen Gartenblumen, Blattschmuckpflanzen und Zwiebelblumen groß heraus. In dem kühlen Klima gedeihen auch Farne gut. Sie verleihen einer Pflanzung mit ihren dekorativen Blattwedeln Struktur. Zugleich kann man sich glücklich schätzen, solche natürlich schattierten Eckchen zu haben, denn hier lässt sich die Sommerhitze gut aushalten, und sie machen meist nur wenig Arbeit.

Im Frühling, vor dem Austrieb der Laubgehölze, zeigen sich auf der Baumscheibe die fliederblauen Blütenkelche des Elfenkrokusses *(Crocus tommasinianus)*.

Licht und Schatten

Schatten ist im Garten unterschiedlich stark ausgeprägt. Deshalb sollte man vor der Bepflanzung die Lichtsituation der einzelnen Bereiche genau beobachten. Das bedeutet, dass man sie sowohl im Tages- als auch im Jahresverlauf studiert.

Im **leichten Schatten** gelangen keine direkten Sonnenstrahlen, aber viel indirektes Licht an die Pflanzen. Diese Form findet man unter Bäumen mit dünnen, locker verteilten Blättern. Leichter Schatten ist typisch für dünnes Schattier- oder Markisengewebe, das viel Licht reflektiert. Im Vergleich dazu wechseln beim **Streuschatten** die Flächen zwischen direkter Sonneneinstrahlung und Schatten ab. Es entsteht ein fleckiger Eindruck, wie beispielsweise in einem Laubwald im Frühling, wenn das Blätterdach noch nicht voll entfaltet ist, oder unter einer locker berankten Pergola im Sommer.

Die Sonne wandert im Verlauf des Tages. Dort, wo morgens Schatten ist, kann mittags die Sonne scheinen und umgekehrt. Diese Lichtverhältnisse bezeichnet man als **Halbschatten**. Auch im Winter ist ein Garten schattiger, weil die Sonne tief steht. Spricht man vom **tiefen Schatten**, dringt kein Sonnenlicht an den Boden, und die Helligkeit lässt ebenfalls zu wünschen übrig. In Innenhöfen, die von hohen Gebäuden umgeben sind, trifft man eine derartige Lichtsituation ebenso an wie unter einer großen, dicht belaubten Baumkrone im Sommer.

Diese Unterschiede sind wichtig, wenn man eine Bepflanzung plant. Schließlich gedeihen im Streu- und Halbschatten Pflanzen besser als im tiefen Schatten. Für Letzteren muss man auf genügsame Pflanzen zurückgreifen.

Weiterhin sollte man die **Bodenfeuchtigkeit** beobachten. In der Nähe von Häusern kann das Erdreich durch einen Dachüberstand genau wie unter großen Bäumen sehr trocken sein. Nicht alle Schattenpflanzen wachsen bei anhaltender Trockenheit. Ideal für das Wachstum sind frische bis feuchte Böden.

Natürliche Vorbilder

In der Natur findet man zahlreiche Vorbilder für Bepflanzungen im Schatten. In Wäldern und an Gehölzrändern wachsen viele krautige Pflanzen, die Anregung für die Gestaltung im eigenen Garten geben. Es sind vor allem zahlreiche eher unscheinbare Bodendecker, aber auch Stauden mit auffälligen Blüten. Auch niedrige Gehölze kommen im Schatten vor. Durch entsprechende Kombination der verschiedenen Wuchsformen ergeben sich ab-

Wie eine Bordüre schmücken die frischgrünen Farnwedel des Trichterfarns *(Matteuccia struthiopteris)*, die bräunlich marmorierten Blätter der Elfenblume *(Epimedium)* und das zweifarbige Funkienlaub *(Hosta)* den Beetstreifen vor den Rhododendronbüschen.

wechslungsreiche Möglichkeiten zur Bepflanzung der Schattenpartien des Gartens.

Im Frühling, wenn noch viel Sonne auf den Boden gelangt, blühen in den Wäldern zahlreiche Bodendecker und niedrige Zwiebelblumen wie ein Blütenteppich. Diese malerischen Kombinationen kommen auch im Garten gut zur Geltung, beispielsweise auf einer Baumscheibe. Im Sommer spielt sich der Blattschmuck als lang anhaltender Blickfang in den Vordergrund.

Blumige Gartengrenze

Diese Gestaltung verwöhnt vor einer Sicht-schutzwand den Schatten mit Blüten. Dazu gesellen sich farbige Blätter und kontrastreiche Blattformen, die dezent beleben.
Hauptaspekte dieser Gestaltung:

- Klarer Aufbau um den Rhododendron.
- Holzwand wird durch Immergrüne auch im Winter verdeckt und spielt sich nicht in den Vordergrund.
- Das ganze Jahr gibt es im Halbschatten etwas zu entdecken.
- Eignet sich auch für Streuschatten.

Das Beet im Jahreslauf

Wenn die Temperaturen steigen, beginnt die Wolfsmilch mit der Blüte. Lungenkraut und Beinwell lassen es im Beet gleichzeitig bunt werden. Die fedrigen cremefarbenen Blüten-stände der Waldmarbel tanzen zusammen mit dem Kaukasus-Vergissmeinnicht um den Rhododendron herum. Die Pfingstveilchen strahlen in klarem Weiß. Im Juli erscheinen die kompakten Kerzen der Teppich-Pracht-spiere.

1. 5 x Beinwell *(Symphytum gran-diflorum)*, z. B. 'Hidcote Blue'
2. 2 x Mandelblättrige Wolfsmilch *(Euphorbia amygdaloides var. robbiae)*
3. 4 x Lungenkraut *(Pulmonaria saccharata)*, z. B. 'Mrs Moon'
4. je 3 x Waldmarbel *(Luzula sylvatica)*

Was Sie brauchen

5   2 x Funkie *(Hosta*-Art, z. B. *H. lancifolia)*

6   1 x Rhododendron *(Rhododendron*-Yakushimanum-Hybride), z. B. 'Silberwolke'

7   4 x Teppich-Prachtspiere *(Astilbe chinensis var. pumila)*

8   1 x Kaukasus-Vergissmeinicht *(Brunnera macrophylla)*

9   6 x Ysander *(Pachysandra terminalis)*

10   7 x Pfingstveilchen *(Viola sororia)*

11   1 x Funkie *(Hosta*-Hybride), z. B. 'Thomas Hogg'

Wie Sie pflanzen

Bevor Sie mit der Bepflanzung beginnen, sollte die Sichtschutzwand aufgestellt und auch die Rasenkante sauber abgestochen sein.
Zu den Vorbereitungen gehört auch das Bodenlockern im Spätwinter. Gleichzeitig werden Dünger und Rindenkompost eingearbeitet.

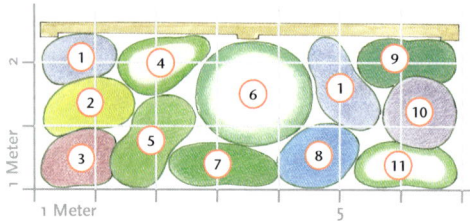

Pflanzplan zur Gestaltung Seite 8 und 9

Ist das Beet länger als in der Gestaltung, wiederholt man die Bepflanzung. Gegebenenfalls kann man auch nur Teilstücke ansetzen, etwa die Gruppe der Frühlingsblüher – bestehend aus **Wolfsmilch, Beinwell** und **Lungenkraut** – am rechten Rand ergänzen und links die Kombination von **Funkie, Ysander, Kaukasus-Vergissmeinnicht** und **Pfingstveilchen** entsprechend pflanzen.
Wer Wert darauf legt, dass die Sichtschutzwand stärker in den Hintergrund tritt, sollte als Ergänzung einen weiteren Rhododendron setzen.

Von hinten nach vorne pflanzen

Zunächst setzt man den **Rhododendron** ein. Wichtig: Vor dem Pflanzen das Pflanzloch großzügig ausheben und Rhododendronerde einfüllen. Anschließend das Loch ein bis zwei Mal mit Wasser auffüllen und versickern lassen. Neben den Wurzelballen füllt man statt des Aushubs Rhododendronerde. Der überschüssige Aushub wird zwischen den Stauden verteilt.
Die Stauden werden ausgetopft und auf der vorbereiteten Fläche ausgelegt. Anschließend setzt man die Pflanzen von der Sichtschutzwand zum Rasen hin ein. Nun wird die Pflanzung gegossen, und die Zwischenräume werden mit Rindenmulch abgedeckt. Ergänzend können Accessoires eingefügt werden.

TIPP

INKARHO® ist eine Bezeichnung für Rhododendren, die auch auf Böden mit neutralem oder basischem pH-Wert gedeihen. Die Pflanzen unterscheiden sich nur in dieser Eigenschaft, Blütenfarbe und Größe entsprechen denen der herkömmlichen Sorten.

Wie Sie pflegen

Im ersten Jahr

Während des ersten Jahres sollte man darauf achten, dass ausreichend gegossen wird, damit Stauden und **Rhododendron** gut anwachsen. Streuen Sie um die frisch treibenden **Funkien** Nadelstreu oder Splitt, um Schnecken von den zarten Blättern fern zu halten.

Die Blütenstiele der **Wolfsmilch** schneidet man nach der Blüte ab, dies regt den Neuaustrieb an. Bilden sich viele neue Seitentriebe, sollte man einzelne abschneiden, damit sich die Triebe nicht gegenseitig bedrängen.

Nach der Blüte kann auch der **Ysander** zurückgeschnitten werden.

Die welken **Rhododendronblüten** bricht man seitlich mit den Fingern aus. So können sich der Austrieb und die Blütenknospen für das nächste Jahr ungestört entwickeln.

Welke **Funkienblüten** schneidet man tief unten im Bereich des Blattaustriebs ab.

Nach dem Einwachsen

Regelmäßig wird Unkraut entfernt und im Herbst gemulcht. Wächst die **Waldmarbel** hoch und wird struppig, nimmt man die Horste auf, teilt sie und setzt die kräftigsten Stücke wieder ein.

Auch die **Funkien** sollten geteilt werden, wenn sie benachbarte Stauden bedrängen.

Die Feuer-Wolfsmilch *(Euphorbia griffithii* 'Fireglow'*)* bringt nicht nur mit orangeroten Blütenständen Farbe in den Schatten, sondern auch mit ihren rötlichen Trieben und Blättern.

Der **Rhododendron** wird vor oder während der Blüte mit Dünger verwöhnt.

Rollen sich im Winter bei Minusgraden die Blätter des **Rhododendrons** ein, so ist dies ein Schutz gegen Trockenheit. Ist der Boden frostfrei, sollte man gießen. Werden die Blätter im Sommer gelblich, so ist der pH-Wert des Bodens nicht optimal, sondern zu hoch. Es empfiehlt sich dann, den Strauch im Spätsommer auszugraben und die Erde im Pflanzloch gegen Rhododendronerde auszutauschen.

Was Sie auch nehmen können

statt **2** 1 x Feuer-Wolfsmilch *(Euphoria griffithii* 'Fireglow'*)*, 60–80 cm hoch, orangerote Blätter und Triebe

statt **4** je 5 x Gedenkemein *(Omphalodes verna)*, Bodendecker mit himmelblauen Vergissmeinnicht-Blüten im März und April, frischgrünes Blattwerk

statt **10** 6 x Kleines Immergrün *(Vinca minor* 'Alba'*)*, immergrüner Bodendecker mit sternförmigen, weißen Blüten im Frühling, wächst sehr flach

Jetzt wird es endlich Frühling!

Ideal für eine Gestaltung mit Frühlingsblühern sind die schattigen Plätze direkt am Haus, weil man die frühen Farbtupfer dort häufig sieht und sich daran erfreuen kann.
Hauptaspekte dieser Gestaltung:

- Kräftige Blütenfarben im Frühling.
- Klare, immergrüne Strukturen im Winter.
- Pflegeleicht und robust.

Das Beet im Jahreslauf

Efeu, Japansegge und Immergrün sowie die Japanischen Azaleen beleben mit immergrünem Blattwerk das Beet im Winter. Schneeglöckchen läuten die Blütensaison ein. Im April sitzen zahlreiche blaue Blütensterne an den Trieben des Immergrüns, und die weiße Schaumblüte macht ihrem Namen alle Ehre. Zu einem Feuerwerk der Farben kommt es, wenn im Mai die Kissen der Japanischen Azaleen in leuchtenden Farben blühen. Für einen nahtlosen Übergang sorgen die Fingerhüte. Das Spiel der verschiedenen Grüntöne sorgt im Hochsommer und Herbst für eine angenehm ruhige Atmosphäre.

Was Sie brauchen

1. 8 x Efeu, bodendeckend bzw. kletternd *(Hedera helix)*
2. 2 x Japanwaldgras *(Hakonechloa macra* 'Aureola')
3. 4 x Schaumblüte *(Tiarella cordifolia)*
4. 4 x Fingerhut *(Digitalis purpurea)*
5. 1 x Azalee, dunkellila, *(Rhododendron-*Hybride), z. B. 'Diamant Dunkellila'
6. 1 x Azalee, helllila, *(Rhododendron-*Hybride), z. B. 'Diamant Helllila'
7. 7 x Japan-Segge *(Carex morrowii* 'Variegata')
8. 8 x Kleines Immergrün *(Vinca minor)*
9. 1 x Azalee, rosa blühend, *(Rhododendron-*Hybride), z. B. 'Diamant Rosa'
10. je 10 Zwiebeln pro Tuff Schneeglöckchen *(Galanthus nivalis)* – hier bereits eingezogen

Wie Sie pflanzen

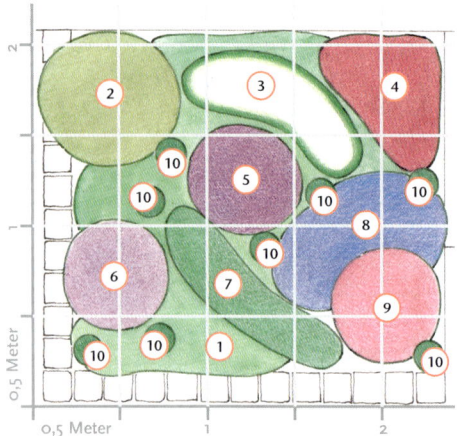

Pflanzplan zur Gestaltung Seite 12 und 13

Ist die zu bepflanzende Fläche größer, kann man den Plan an den Längsseiten spiegeln. **Japanische Azaleen** benötigen einen sauren Boden, das heißt, der pH-Wert des Bodens sollte zwischen 4,5 und 5,5 liegen. Ist der vorhandene Gartenboden eher kalkhaltig, sollte man die Pflanzlöcher doppelt so tief und breit ausheben, wie der Wurzelballen der Pflanzen groß ist, und das Pflanzloch mit Rhododendronerde ausfüllen. Japanische Azaleen wachsen eher langsam. Daher sollte man bereits größere Exemplare kaufen.

Lange **Efeutriebe** kann man an Holzpfosten oder Mauern nach oben führen. An einer rauen Oberfläche halten sie sich mit Hilfe der Haftwurzeln rasch von alleine. An Hölzern muss man die Triebe mit einer weichen Schnur befestigen.

Variable Pflanzzeit

Die Gestaltung kann sowohl im Frühjahr als auch im Herbst gepflanzt werden. Berücksichtigen sollte man daher den Zustand des Bodens. Ist er stark verdichtet, wie häufig bei Neubauten, sollte man ihn im Herbst zunächst zwei Spaten tief umgraben. Die groben Erdklumpen zerfallen durch die Einwirkung des Frosts. Im Frühjahr mischt man Humus und Dünger unter, bevor man die Stauden und Gehölze setzt. Einzig die Zwiebeln der **Schneeglöckchen** werden im zeitigen Herbst gepflanzt.

> ## TIPP
> Ersetzen Sie einige Tuffs der Schneeglöckchen durch Elfenkrokusse *(Crocus tommasinianus)*. Die zarten fliederblauen Kelche öffnen sich im zeitigen Frühjahr. Sie wirken leicht und nicht aufdringlich.

Wie Sie pflegen

Die Blütenkerzen des Fingerhutes *(Digitalis purpurea)* erheben sich neben der runden Pflastertreppe. Sie lockern mit dezenten Farbvariationen die Pflanzung auf.

Im ersten Jahr

Im zeitigen Frühjahr schneidet man das **Japanwaldgras** zurück.
Die **Schneeglöckchen** werden zurückgeschnitten, wenn das Laub gelb geworden ist.
Wenn die Triebe des **Efeus** neu austreiben, lenkt man sie in die gewünschte Richtung, damit sich der Boden rasch schließt.
Die **Azaleenblüten** sehen nach der Blüte un-

schön aus. Wenn sie nicht von alleine abfallen, sollte man sich die Mühe machen und die welken Blütenstände vorsichtig entfernen.
Fingerhut gehört zu den zweijährigen Gartenblumen. Schneidet man die Blütenstiele frühzeitig zurück, kann man das Absterben der Rosette verhindern und auch im nächsten Jahr auf Blüten hoffen. Einen Blütenstiel lässt man stehen, damit sich die Pflanze versamen kann. Im Frühsommer verwöhnt man das Beet mit reifer Komposterde.

Nach dem Einwachsen

Wird der **Efeu** im Laufe der Jahre zu dicht, schneidet man ihn zurück.
Die **Schneeglöckchen** kann man nach der Blüte aufnehmen, teilen und gleich wieder setzen.
Werden die Büsche der **Azaleen** zu kräftig, schneidet man sie direkt nach der Blüte zurück, z. B. mit einem Rasenkantenschneider.

Was Sie auch nehmen können

statt ② 3 x Herbst-Anemone *(Anemone hupehensis)*, rosa Blütenschalen ab August auf 80 bis 100 cm hohen Stielen

statt ④ 3 x Kaukasus-Vergissmeinnicht *(Brunnera macrophylla)*, blaue Blüten an lockeren Dolden ab April

statt ⑦ 8 x Waldsteinie *(Waldsteinia ternata)*, wintergrüner Bodendecker mit gelben Blüten im April/Mai

Rechts und links am Wegesrand

Romantisch legen sich die Blütenwolken in den Gartenweg. So entsteht ein lauschiger Abschnitt, an dem man nicht nur gerne vorübergeht, sondern auch verweilt. Hauptaspekte dieser Gestaltung:

- Rhythmische Bepflanzung.
- Robuste und pflegeleichte Pflanzen.
- Blumiger Übergang zu den schattierenden Gehölzen.

Das Beet im Jahreslauf

Zum Frühlingsanfang blühen die Lenzrosen. Gleichzeitig bauen sich die gelbgrünen Blütenstände der Wolfsmilch auf. Hell leuchten die Glöckchen der Märzenbecher vor der Gehölzkulisse. Während im Juni die letzten Hasenglöckchen blau aufblühen, bildet der Frauenmantel seine grüngelbe überschäumende Blütenfülle; dazwischen stehen die blauen Schalen des Pracht-Storchschnabels. Im Hintergrund kommt nun die Waldglockenblume zur Blüte. Der Hochsommer gehört der rosaroten Sterndolde. Zum Ende des Sommers schmücken Herbstanemonen die Szenerie.

1 3 x Herbst-Anemone *(Anemone hupehensis)*, z. B. 'Honorine Jobert'

2 2 x Wald-Glockenblume *(Campanula latifolia* 'Alba')

3 je 1 x Lenzrose *(Helleborus-*Orientalis-Hybride) – bereits eingezogen

Was Sie brauchen

4. je 10 x*) Hasenglöckchen *(Hyacinthoides non-scripta)*

5. 5 x Mandelblättrige Wolfsmilch *(Euphorbia amygdaloides var. robbiae)*

6. je 3 x Frauenmantel *(Alchemilla mollis)*

7. je 2 x Pracht-Storchschnabel *(Geranium-Hybride 'Johnson's Blue')*

8. 3 x Purpurglöckchen *(Heuchera cylindrica)*

9. 3 x Große Sterndolde *(Astrantia major)*

10. je 5 bis 6 x*) Märzenbecher *(Leucojum vernum)*

*) Einzelzwiebeln

Wie Sie pflanzen

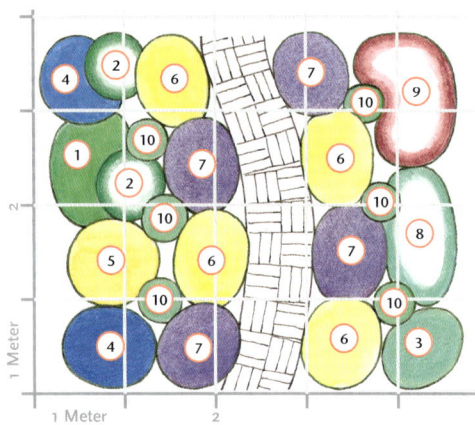

Pflanzplan zur Gestaltung Seite 16 und 17

Die Länge der Randbepflanzung kann ausgedehnt werden. Dazu wiederholt man den Pflanzplan. Die Bepflanzung eignet sich auch als Saum für eine Hecke. Je nach Platz können Sie den Pflanzplan links (1,5 bis 2 Meter) oder rechts (1 bis 1,5 Meter) des Weges realisieren. Sie benötigen dann weniger Pflanzen.

Laub gleich kompostieren

Lockern Sie im Herbst die Fläche tiefgründig. Anschließend können Sie eine dicke Laubschicht auf dem Boden ausbreiten und sie als Flächenkompost verrotten lassen. Grobes Astwerk verhindert das Verblasen der Blätter.

Gleichzeitig legt man die Zwiebeln von **Hasenglöckchen** und **Märzenbecher** in Kokostöpfe und versenkt sie im Randbereich des Beetes. So muss man im ersten Jahr nicht auf diese Blütenschönheiten verzichten. Die Töpfe werden kurz vor der Pflanzung aus der Erde geholt. Im Frühjahr ist feiner Humus entstanden. Streuen Sie Hornspäne auf die Fläche und arbeiten Sie alles mit dem Dreizahn in den Boden. Nun die gewässerten Stauden auf der Fläche auslegen und pflanzen. Die Zwiebelblumen werden nun samt Topf gepflanzt. Beim Pflanzen arbeitet man sich von den Rändern in Richtung Weg vor. Abschließend gießt man die Stauden gründlich an. Auch in den nachfolgenden Wochen sollte man durch gründliches Wässern das Anwachsen fördern.

TIPP

Mischen Sie verschiedene Sorten von Herbst-Anemonen. So wird das Blühen abwechslungsreicher. Hübsch zueinander passen die weiße 'Honorine Jobert', 'Pamina' mit halbgefüllten Blüten in dunklem Rosa und die großblumige, rosafarbene 'Rosenschale'.

Wie Sie pflegen

Die Horste rechts und links des Gartenweges bilden einen abwechslungsreichen Streifen. Die unterschiedlichen Strukturen erzeugen eine subtile Spannung.

Im ersten Jahr

Die welken **Wolfsmilchblüten** werden bis zur Basis zurückgeschnitten. Auch bei den **Lenzrosen** schneidet man Verblühtes frühzeitig ab, damit die Kraft in die Wurzelbildung geht. Zwischen den **Herbstanemonen** sollte nicht gehackt werden.

Die Ränder aus **Frauenmantel** und **Pracht-Storchschnabel** kann man nach der Blüte radikal zurückschneiden. Mit einer zusätzlichen Düngergabe kommen die nachtreibenden Stauden nochmals zur Blüte.

Im Spätherbst kann man alle Stauden zurückschneiden. Ausnahme: **Lenzrose** und **Wolfsmilch** bleiben stehen.

Die **Herbstanemonen** sollte man im ersten Jahr auf jeden Fall mit Laub und Reisig abdecken, damit die flachen Triebe nicht erfrieren.

Nach dem Einwachsen

Verschwinden die Zwiebelblumen im Laufe der Jahre, so legt man im Herbst einige nach.

Die Blüten der **Lenzrosen** kann man bis zum Sommer stehen lassen.

Die Pflanzung wird durch reife Komposterde ausreichend gedüngt. Ausnahme: Nach dem Rückschnitt verwöhnt man Frauenmantel und **Pracht-Storchschnabel** zusätzlich mit Dünger.

Ist der Wegesrand nach 5 bis 6 Jahren sehr dicht eingewachsen, nimmt man den Streifen aus **Frauenmantel** und **Pracht-Storchschnabel** auf, teilt die Pflanzen und setzt sie neu. Sträucher, die den Staudensaum im hinteren Bereich einrahmen, schneidet man regelmäßig zurück. Ein vier- bis fünfjähriger Turnus ist ausreichend, es sei denn, die **Herbstanemonen** und **Lenzrosen** werden schon früher zurückgedrängt. Vor allem die in das Beet überhängenden Zweige sollten weit unten entfernt werden.

Was Sie auch nehmen können

statt ③ je 1 x Hirschzungenfarn *(Asplenium scolopendrium)*, breite, glänzend grüne Wedel, wintergrün, bis 30 cm hoch

statt ⑤ 3 x Geißbart *(Aruncus dioicus)*, Horste bis 180 cm, cremefarbene, fedrige Blütenstände, stattlicher Übergang zu den Rändern

statt ⑩ je 10 x Schneeglöckchen *(Galanthus nivalis)*, kleine, weiße Glöckchen und riemenförmiges Laub, Blüte ab Februar

Ein Inselbeet in Weiß

Schattige Innenhöfe erhalten durch das runde Beet eine freundliche Atmosphäre. Die Wirkung beruht auf weißen Blüten und Blättern mit weißer Zeichnung, die die dunkle Lichtsituation aufhellen.

Hauptaspekte dieser Gestaltung:

- Reiche Pflanzenvielfalt schafft Abwechslung.
- Interessante Höhenstaffelung.
- Zu jeder Jahreszeit attraktiv.

Das Beet im Jahreslauf

Lungenkraut und Gedenkemein gehören zu den ersten Frühlingsblühern. Danach schließen sich Immergrün, Günsel und Ysander an. Das frische Laub der Funkie unterstützt die helle Wirkung. Im Frühsommer beginnen die Blüten der Hortensie zu treiben, gleichzeitig blühen nun Pfingstveilchen und Prachtspieren. Im Spätsommer und Herbst steht der Blattschmuck von Funkien, Lungenkraut und Japan-Segge im Vordergrund. Die ballförmigen Hortensienblüten halten auch nach dem Verblühen noch sehr lange und überziehen sich allmählich mit einem grünen Hauch.

1 1 x Hortensie, weiß blühend
(*Hydrangea macrophylla*-Sorte)

2 8 x Gedenkemein
(*Omphalodes verna* 'Alba')

3 10 x Lungenkraut (*Pulmonaria saccharata* 'Sissinghurst White')

Was Sie brauchen

Wie Sie pflanzen

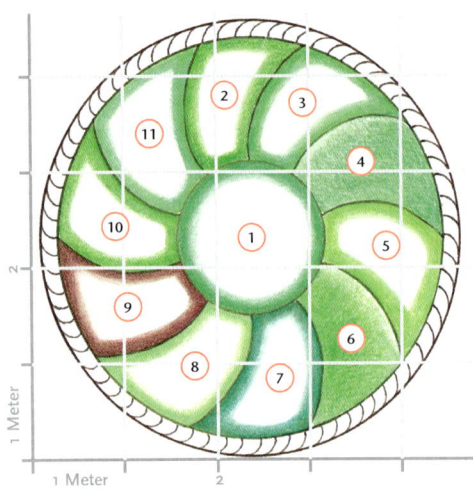

Pflanzplan zur Gestaltung Seite 20 und 21

Kiesel als Markierung

Die Bepflanzung fällt leichter, wenn man sich die einzelnen Abschnitte markiert. Entweder man streut Sand auf die glatt geharkte Erde oder man legt Kieselsteine aus, die dauerhaft die einzelnen Beetbereiche kennzeichnen. Das Gefäß für die **Hortensie** sollte nicht nur dekorativ, sondern auch frostfest sein und dem Wurzelballen ausreichend Platz zum Entfalten bieten. Verwenden Sie für die Bepflanzung ein strukturstabiles Substrat, zum Beispiel Kübelpflanzenerde. Sie hat eine gute Wasserhaltefähigkeit, und man braucht die Pflanze nur alle zwei bis drei Jahre in frische Erde umzutopfen. Der Kübel muss ein Abzugsloch haben, damit bei anhaltendem Regen überschüssiges Wasser abfließen kann. Auf den Topfboden gibt man Blähton, der den Wasserhaushalt im Gefäß optimal steuert.

Bepflanzt man das Beet im zeitigen Herbst, zeigen sich die Frühlingsblüher schon im darauf folgenden Jahr blumig. Die Hortensie ergänzt man dann besser nach dem Winter, denn so benötigt man keinen Winterschutz im ersten Jahr. Den Kübel für sie kann man jedoch auch schon unbepflanzt aufstellen. Damit er nicht kahl wirkt, gibt man einige hohe Koniferenzweige in das Gefäß und schmückt sie winterlich. Der Raureif sorgt für den Rest.

Das Beet kann auch als Halbinsel abgewandelt werden. An eine Hauswand schmiegt sich das Beet als Halbrund an. Der Radius des Beetes lässt sich leicht vergrößern.
Greifen Sie die runde Form durch eine halbrunde Gartenbank, eine Rundung am Topf für die Hortensie sowie Glas- oder Keramikkugeln auf.
Vor der Bepflanzung sollte der Boden mit Humus verbessert werden. Ist die Erde ausgelaugt und strukturarm, sollte man sie gegen frischen Gartenboden austauschen.

Wie Sie pflegen

Weiße Blüten, wie die dichten Kerzen des weiß blühenden Günsels *(Ajuga reptans* 'Riesmöwe'), bringen wohltuende Helligkeit in die absonnigen Partien des Gartens.

Im ersten Jahr

Verteilen Sie im zeitigen Frühjahr Hornspäne zwischen die Pflanzen. Hat man im Herbst keinen Mulch ausgebracht, so sollte dies nach der Startdüngung im zeitigen Frühjahr nachgeholt werden.

Sind die **Astilben** im Spätsommer unansehnlich geworden, entfernt man die Blütenstiele, ebenso wie die der Funkie.

Die **Hortensie** muss bei anhaltender Trockenheit im Sommer gegossen werden. Im Juni sollte man einen Volldünger geben, damit sich der Strauch prächtig entwickelt.

Im Herbst deckt man die Flächen mit reifer Komposterde ab. Zwischen **Gräser** und **Funkien** streut man reifen Kompost.

Die **Hortensie** schützt man im Winter mit einer Strohmatte. Oder man steckt neben den Topf drei Bambusstangen und umwickelt diese mit Vlies, sodass ein Zelt entsteht.

Nach dem Einwachsen

Die **Hortensie** darf im Frühjahr nur ganz behutsam zurückgeschnitten werden. Trockene beziehungsweise erfrorene Spitzen nimmt man vor dem Austrieb weg.

Alle zwei bis drei Jahre topft man die **Hortensie** in frische Erde. Optimal für diese Arbeit ist das Frühjahr kurz vor dem Austrieb. Bei alten **Hortensien** kann man einzelne, sehr alte Triebe direkt über dem Austrieb abschneiden.

Alle fünf bis sieben Jahre sollten **Funkien** geteilt werden.

Was Sie auch nehmen können

statt ① 1 x Rhododendron *(Rhododendron*-Yakushimanum-Hybride), weiße Blüten im Mai, immergrünes Laub, benötigt keinen Winterschutz, auch als Hochstämmchen möglich

statt ② 8 x Kissen-Primel *(Primula juliae)* mit weißen Blüten, im Frühling blühend pflanzen

statt ⑨ 6 x Wald-Storchschnabel *(Geranium sylvaticum* 'Album'), weiße Blüten im Juni/Juli, weiß blühend

Eine Bühne für Formenspiele

Wenig Aufwand macht dieses Blütenspiel vor der immergrünen Heckenkulisse. Nach der Hauptblüte im Frühjahr wirkt es durch die unterschiedlichen grünen Strukturen. Hauptaspekte dieser Gestaltung:

- Strahlt Ruhe aus.
- Auch im Winter hübsch anzusehen.
- Pflegeleichte Pflanzen.

Das Beet im Jahreslauf

Noch wenn Raureif Heckenkonturen und Buchsbaumspindel nachzeichnet, schieben sich die Blütenknospen der Lenzrosen in die Höhe. Rosarote Bergenienblüten, gelbe Elfenblumen, die leuchtenden Blüten der Mandelblättrigen Wolfsmilch und Waldsteinie strahlen im März/April in den Zwischenräumen. Die gezeichneten Efeublätter leuchten durch diese Farben besonders intensiv. Im Mai erscheinen als Krönung die Blüten auf dem flachen Kissen der Japanischen Azalee.

Blattschmuck des feingliedrigen Flaumfedernfarns, von Buchsbaum und Efeu versprechen ruhige Formenspiele in den Sommermonaten.

1 x Bergenie *(Bergenia*-Hybride), z. B. 'Rosi Klose'

2 1 x Azalee *(Rhododendron*-Hybride), z. B. 'Kermesina Alba'

3 2 x Lenzrose *(Helleborus*-Orientalis-Hybride)

24

Was Sie brauchen

Wie Sie pflanzen

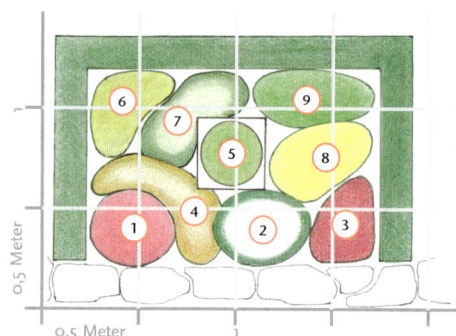

Pflanzplan zur Gestaltung Seite 24 und 25

Lassen Sie zwischen dem Beet und der Hecke einen schmalen Arbeitsstreifen frei, damit man den Heckenschnitt durchführen kann, ohne die Pflanzen zu stören.

Bodendecker gleichmäßig verteilen

Nach der Bodenlockerung im Herbst sollte man den **Buchsbaum** zeitig pflanzen. Es ist wichtig, dass das immergrüne Formschnittgehölz noch einwurzelt.

Für die **Japanische Azalee** tauscht man den Boden gegen Rhododendronerde aus, damit sie optimal gedeiht. Einige Schaufeln von dieser sauren Erde mischt man auch in das Pflanzloch des Farnes.

Die **Bergenie** sollte tief gepflanzt werden, vor allem, wenn sie bereits im Topf hochgewachsen ist. Außerdem ist es ratsam, die Pflanze nicht zu dicht an den Rand des Beetes zu setzen, denn sie wächst durch unterirdisch kriechende Rhizome.

Die **Efeupflanzen** legt man vor dem Pflanzen aus und verteilt die Triebe flach und gleichmäßig auf dem Boden. So wird die Fläche rasch geschlossen.

Zwischen die Stauden kann man einige Zwiebeln von **Blausternchen** *(Scilla siberica)* locker verteilen, sodass im Frühjahr schon zeitig einige blaue Blüten die Gestaltung schmücken. Als Winterschutz streut man nach gründlichem Angießen der Pflanzung Rindenmulch in die Zwischenräume.

TIPP

Anstelle der Buchsspindel können Sie auch eine hohe Amphore in das Beet stellen. Die eleganten Formen heben sich von der Heckenkulisse gut ab. Achten Sie darauf, dass das Gefäß frostfest ist, und vermeiden Sie, dass sich im Herbst Wasser im Innern sammelt.

Wie Sie pflegen

Im ersten Jahr

Nach dem Winter werden die **Farnwedel** abgeschnitten.
Braune Blätter an den **Lenzrosen** entfernt man
zur Blütezeit. Dies empfiehlt sich auch für die
Bergenie. Die Blütenstände der **Bergenie** werden nach der Blüte entfernt. Die **Lenzrosen**
kann man dagegen der Fruchtstände wegen
stehen lassen.
Der **Buchsbaum** sollte bis zum Sommeranfang
einmal geschnitten werden. Für feine Formen
ist es ratsam, einen Rasenkantenschneider zu
verwenden. Legen Sie ein altes Bettlaken auf
den Boden und über die Pflanzen. So kann man
das Schnittgut bequem einsammeln.

Nach dem Einwachsen

Der **Buchsbaum** sollte nach dem Einwachsen
im Sommer ein zweites Mal geschnitten werden – am besten bei anhaltend bedecktem
Wetter, um Verbrennungen zu vermeiden.
Wenn die **Bergenie** hochgewachsen ist, nimmt
man sie mit dem Spaten auf und teilt sie.
Die **Wolfsmilch** wird verjüngt. Dazu Verblühtes
eine Hand breit über dem Boden abschneiden.
Wächst der **Efeu** stark, kann man ihn im Frühjahr kräftig zurückschneiden.
Die **Waldsteinie** kann abgestochen werden,
wenn sie zu den Seiten wuchert. Streuen Sie im

Buchsbaum muss regelmäßig geschnitten werden, damit er
in Form bleibt. Mit einer Heckenschere oder einem Rasenkantenschneider werden die Konturen gleichmäßig.

Herbst reichlich Kompost über die Pflanzen.
Buchsbaum und **Azalee** im Frühling mit Nähr-
stoffen versorgen, etwa mit Hornspänen.

Was Sie auch nehmen können

statt (2) **4 x Frauenmantel** *(Alchemilla mollis)*, robuste Blattschmuckstaude mit grünlich-
gelben, zarten Blütenständen im Juni

statt (6) **2 x Tränendes Herz** *(Dicentra spectabilis)*,
60 cm hohe Staude mit roten und weißen
Blüten an übergeneigten Stielen

statt (8) **4 x Schaumblüte** *(Tiarella cordifolia)*, weiße
Blütenkerzen im April bis Juni, bringen Helligkeit in den Hintergrund des Buchsbaums

Blattschmuck für den Gehölzrand

Mit einer Bepflanzung vor frei wachsenden Hecken schützt man den Boden und sorgt für Blatt- und Blütenschmuck im Garten. Hauptaspekte dieser Gestaltung:
- Bunte, pflegeleichte Pflanzenmischung mit natürlichem Charakter.
- Abwechslungsreiches Formenspiel der Blätter.

Das Beet im Jahreslauf

Elfenblumen und Günsel blühen im Frühling, während sich die Blätter von Funkie, Frauenmantel und Purpurglöckchen entfalten. Ende April beginnt das Kaukasus-Vergissmeinnicht zu blühen, und schon bald gesellen sich Frauenmantel, Taubnessel und Teppich-Glockenblume dazu. Zum Sommer kommen Goldfelberich und Teppich-Prachtspiere hinzu, während sich die unterschiedlichen Laubformen entwickeln.
Elfenblumen und Japan-Segge sowie der Hirschzungenfarn beleben im Winter mit ihren verschiedenen Blattformen und dunklen Grüntönen.

1   4 x Goldfelberich
    (Lysimachia punctata)

2   3 x Funkie *(Hosta*-Hybride), z. B. 'Gold Standard'

3   6 x Frauenmantel
    (Alchemilla mollis)

Was Sie brauchen

Wie Sie pflanzen

Im Winter vor der Pflanzung sollte die Hecke ausgelichtet werden. Das hat zwei Gründe:
- Man stört die frische Pflanzung in den ersten Jahren so wenig wie möglich.
- Die verbesserte Lichtsituation beeinflusst das Anwachsen der Bepflanzung im Frühling positiv.

Man kann die Gestaltung beliebig zu beiden Seiten verlängern. Setzen Sie einfach den Pflanzplan am Ende nochmals an, bis die Fläche über die gesamte Heckenbreite bepflanzt ist.

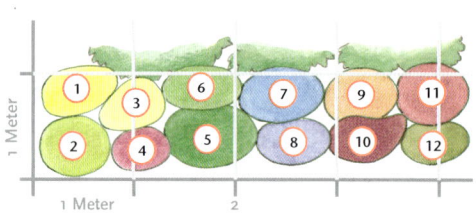

Pflanzplan zur Gestaltung Seite 28 und 29

Ein guter Start

Versenken Sie vor der Bepflanzung eine Rasenkante aus Kunststoff am vorderen Ende des Beetes. So können die Stauden nicht in den Rasen beziehungsweise Gräser ins Beet wachsen.

Im Frühjahr lockert man die Erde und arbeitet Hornspäne in den Boden als Startdüngung. Im hinteren Bereich muss man beim Graben aber darauf achten, dass man die Wurzeln der Heckengehölze nicht beschädigt.

Die gewässerten Pflanzen werden auf der Fläche verteilt und die Abstände korrigiert, sodass keine Lücken entstehen. Nun pflanzt man alle Stauden. Achten Sie darauf, dass die Triebe von **Teppich-Glockenblume** und **Taubnessel** gleichmäßig verteilt sind und sich nicht gegenseitig bedrängen.

Die Zwischenräume werden nach dem Angießen mit einer Mulchdecke abgedeckt, zum Beispiel aus Rindenmulch. Damit es gleichmäßig aussieht, verteilt man den Mulch auch zwischen die Sträucher im Hintergrund. Bei trockener Witterung sollte gründlich gewässert werden.

TIPP

Verteilen Sie im Herbst noch einige Zwiebeln von Blausternchen (*Scilla siberica*) und Elfenkrokus (*Crocus tommasinianus*) zwischen den Stauden, damit das zeitige Frühjahr noch einige zusätzliche Höhepunkte bekommt.

Wie Sie pflegen

Im ersten Jahr

Nach der Pflanzung sorgt man dafür, dass sich zwischen den Stauden, Gräsern und Farnen keine Unkräuter ausbreiten.

Den Austrieb der **Funkie** schützt man mit trockener Nadelstreu oder Sägespäne vor Schnecken. **Goldfelberich** und **Frauenmantel** werden nach der Blüte zurückgeschnitten. So breiten sie sich schneller aus.

Im Herbst schneidet man alle hohen krautigen Pflanzen zurück. Die Bodendecker überlässt man sich selbst. Es bleiben nur die winter- und immergrünen Arten stehen. Diese sind **Purpurglöckchen, Hirschzungenfarn, Elfenblume** und **Japan-Segge**.

Nach dem Einwachsen

Düngen Sie die Pflanzung nur mäßig mit Kompostgaben im Frühjahr, sonst bedrängen sich die Pflanzen rasch gegenseitig. Gegebenenfalls düngt man gezielt einzelne Horste, die kümmern.

Wenn der **Goldfelberich** größer geworden ist, sollte man den Horst mit Staudenstützen zusammenhalten, damit sich die Triebe nicht auf die Pflanzen davor legen. Wird der Horst zu groß, nimmt man ihn auf und teilt ihn. Ebenso sollten **Frauenmantel** und **Funkie** nach vier bis fünf Jahren verjüngt werden.

Wie ein Relief erscheint die große Beetfläche unter den Bäumen. Die verschiedenen Gräser und Stauden ergänzen sich zu einem Muster mit persönlicher Note.

Hirschzungenfarn und **Purpurglöckchen** wachsen im Laufe der Jahre hoch. Man gräbt sie aus und setzt sie so tief ein, dass die unteren Blätter mit der Erdoberfläche abschließen. Das Gleiche macht man, wenn die Horste der **Japan-Segge** unansehnlich werden.

Alle vier bis sechs Jahre sollte auch die Hecke verjüngt werden. Vor allem überhängende Triebe schneidet man weg, damit die hinteren Stauden nicht verdrängt werden.

Was Sie auch nehmen können

statt ⑤ 4 x **Herzblume** *(Dicentra formosa* 'Luxuriant'), etwa 40 cm hoch, blaugraues, feines Laub, kleine rosarote Blüten an zarten Stielen

statt ⑦ 15 x **Hasenglöckchen** *(Hyacinthoides nonscripta)*, Zwiebelblume mit blauen Blütenglocken im Mai, Höhe 30 cm, zieht nach der Blüte ein

statt ⑫ 5 x **Louisiana-Flammenblume** *(Phlox divaricata)*, hellblaue, duftende Blüten im Mai und Juni, 30 cm hoch, verschiedene Sorten

Der Treppen- aufgang

Treppen gleichen Niveauunterschiede im Garten aus und leiten von einem Bereich zum anderen über. Hier eine unaufdringliche Bepflanzung, die die Treppe begleitet. Hauptaspekte dieser Gestaltung:

- Spiel mit formaler Architektur und Blütenschmuck.
- Pflanzen befestigen das abschüssige Gelände.
- Symmetrische Gestaltung.

Das Beet im Jahreslauf

Wenn der Straußfarn seine trichterförmigen Wedel zwischen der frisch austreibenden Schaumblüte entfaltet, erreicht die Bepflanzung ihren ersten Höhepunkt. Dazu öffnet der Pracht-Storchschnabel seine violettblauen Blütenschalen. Bald zeigen sich die blauen Blüten der Akelei und die ersten Glöckchen der Teppich-Glockenblume. Sie schiebt ihre Ranken in die Fugen der Stufen, sodass die Linien malerisch umspielt werden. Der Hoch- und Spätsommer steht im Zeichen von weißer Silberkerze und blauem Eisenhut.

Was Sie brauchen

1. jeweils 1 x Herbst-Eisenhut *(Aconitum carmichaelii* 'Arendsii')
2. je 1 x Silberkerze *(Cimicifuga racemosa)*
3. je 1 x Teppich-Glockenblume *(Campanula poscharskyana)*
4. je 1 x Pracht-Storchschnabel *(Geranium*-Hybride 'Johnson's Blue')*
5. insgesamt 18 x Schaumblüte *(Tiarella cordifolia)* mit
6. insgesamt 4 x Straußfarn *(Matteuccia struthiopteris)*
7. je 1 x Buchsbaum als Kugel etwa 45 cm hoch, *(Buxus sempervirens)* in dekorativem Topf
8. insgesamt 12 x Akelei *(Aquilegia vulgaris)*, verteilt in der Pflanzung (hier schon eingezogen)

Wie Sie pflanzen

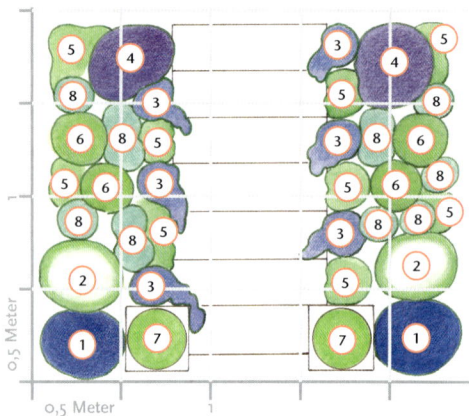

Pflanzplan zur Gestaltung Seite 32 und 33

Die Gestaltung lässt sich abwandeln als
- Bepflanzung der Wegränder.
- Breiter Gehölzrand.
- Rabatte im Innenhof.

Auf dem Sockel stehen frostfeste Gefäße mit einem Loch im Boden. Zum Bepflanzen gibt man 5 cm Blähton und darauf Kübelpflanzenerde. Man setzt die **Buchsbaumkugeln** etwas tiefer, damit zum Topfrand hin ein Gießrand bleibt.

Die Bodendecker zuerst

Im Frühherbst bereitet man die Fläche vor. Der Boden wird gelockert, dabei mischt man Kom-

posterde unter. Zunächst legt man die **Schaumblüte** aus und achtet auf große Pflanzabstände. In Zwischenräumen arrangiert man **Akelei, Straußfarn** und **Pracht-Storchschnabel**. Nun können die Ballen gepflanzt werden. Zum Schluss werden an den Stufen die **Teppich-Glockenblumen** gesetzt. Legen Sie die Triebe in die Fugen, damit sie sich rasch ausbreiten. Abschließend pflanzt man **Eisenhut** und **Silberkerze** am Sockel.

Gießen Sie die Stauden mit einer feinen Brause an. Achten Sie darauf, dass das Wasser versickert und nicht das leicht abschüssige Gelände herunterläuft. Lieber mehrmals hintereinander mit einer kleinen Pause wässern, damit das Wasser in den Bereich der Wurzeln gelangt. Bei einem starken Gefälle helfen Steine, das Erdreich im ersten Jahr zu halten.

TIPP

Heben Sie ein großzügiges Pflanzloch für den Straußfarn aus und setzen Sie einen mindestens 30 cm großen schwarzen Plastikeimer ohne Boden bündig in das Loch. So können sich die Ausläufer des Straußfarns nicht zu stark ausbreiten.

Wie Sie pflegen

Im ersten Jahr

Im Frühjahr werden die Beete rechts und links der Treppe gedüngt. Wenn die Fläche nicht gemulcht wurde, sollte im Frühjahr Rindenmulch zwischen den Pflanzen verteilt werden.

Die Fruchtstände der **Akelei** lässt man stehen, bis sich die Samenkapseln geöffnet haben. So versamt die eher kurzlebige Staude von alleine.

Der **Buchsbaum** benötigt auch im Herbst und Winter hin und wieder Wasser. Tipps zum Schnitt von Buchsbaum finden Sie auf Seite 27.

Im ersten Jahr können **Silberkerze** und **Eisenhut** standschwach sein. Daher sollte man die Pflanzen mit einem Bambusstab aufbinden.

Wenn der **Pracht-Storchschnabel** abgeblüht ist, entfernt man die Blütenstände. Meist bildet sich eine schwächere Nachblüte.

Im Herbst schneidet man die höheren Stauden zurück. Der **Straußfarn** wirkt bis in den Winter dekorativ.

Nach dem Einwachsen

Alle zwei bis drei Jahre sollten die **Buchskugeln** in frisches Substrat gesetzt werden, am besten im Frühjahr.

Die **Teppich-Glockenblume** wird regelmäßig zurückgeschnitten, damit man die Stufen sicher betreten kann. An den Rändern lässt man sie üppig ins Beet wachsen.

Die Teppich-Glockenblume *(Campanula poscharskyana)* legt sich mit ihren Blütentrieben über Mauerkanten und schafft diplomatische Übergänge zwischen Beet und Bauwerk.

Werden die Ausläufer des **Straußfarns** zu dicht, sticht man sie ab und gräbt sie vorsichtig aus. Wird der **Eisenhut**-Horst dicht, kann man ihn ausgraben und teilen. Verwenden Sie unbedingt Handschuhe für diese Arbeit, da **Eisenhut** in allen Teilen giftig ist.

Was Sie auch nehmen können

statt ④ je 1 x Tränendes Herz *(Dicentra spectabilis 'Alba')*, weiße, herzförmige Blüten im Mai und Juni an überhängenden Blütenstielen, Höhe 60 cm, zieht nach der Blüte ein

statt ⑦ je 1 x Buchsbaum *(Buxus sempervirens)*, Durchmesser 20 bis 25 cm, immergrün

statt ⑤ 16 x Ysander *(Pachysandra terminalis)*, immergrüner Halbstrauch, weiße Blüten im April/Mai, verträgt kräftigen Rückschnitt

Idylle am Ufer des Gartenteiches

Stattliche Gewächse mit duftigen Blütenstän-
den säumen diesen Teichrand und sorgen für
dezenten natürlichen Charme.
Hauptaspekte dieser Gestaltung:
- Harmonischer Übergang vom Wasser zum
  Beet.
- Blütenreiche Pflanzenauswahl für Streu- und
  Halbschatten.

Das Beet im Jahreslauf

Mit dem Austrieb des Schaublattes und der
Silberkerze kommt im April Leben in das Beet.
Schon im Mai tanzen die blauen Akeleien
locker dazwischen und bekommen bald von
Frauenmantel, Etagenprimeln und Wald-
glockenblume Gesellschaft.
Im Hochsommer erscheinen die cremeweißen
Blütenstände von Silberkerze und Schaublatt.
Sie werden von Prachtspiere und Goldfelberich
begleitet. Der Herbst bereitet ein Fest mit den
orangefarbenen und gelben Laubfärbungen von
Schaublatt, Silberkerze und Frauenmantel. Die
trockenen Blüten der Prachtspiere geben dem
Winterbild Struktur.

1. jeweils 2 x Rodgersie
   (*Rodgersia aesculifolia*)
2. 3 x Silberkerze
   (*Cimicifuga racemosa*)

Was Sie brauchen

③ 5 x Wald-Glockenblume *(Campa-nula latifolia)*, z. B. 'Macrantha'

④ 4 x Prachtspiere, weiß blühend *(Astilbe × arendsii)*, z. B. 'Braut-schleier'

⑤ 2 x Goldfelberich *(Lysimachia punctata)*

⑥ 6 x Frauenmantel *(Alchemilla mollis)*

⑦ 4 x Etagenprimel *(Primula × bullesiana)*

⑧ 5 x Akelei *(Aquilegia vulgaris)*

Wie Sie pflanzen

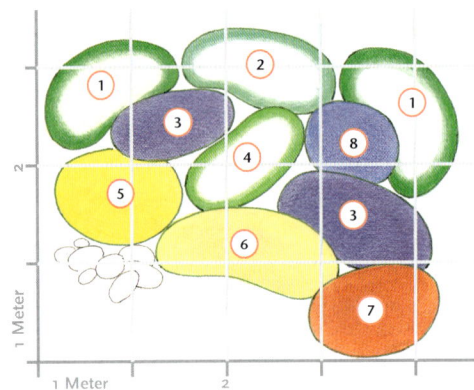

Pflanzplan zur Gestaltung Seite 36 und 37

Der Boden im Uferbereich sollte mäßig feucht sein, im vorderen Bereich auch zeitweilig nass. Ist das Ufer von dichtem Strauchwerk umgeben, verzichtet man auf die hintere Reihe mit hohen **Silberkerzen** und dem **Schaublatt**. Zu den Pflanzvorbereitungen gehört das Bodenlockern. Es empfiehlt sich, die Struktur mit reifer Komposterde zu verbessern. Eine etwa 10 cm hohe Schicht wird mit einem Dreizahn eingearbeitet. Wichtig bei dieser Arbeit:

- Wurzelunkräuter sorgfältig entfernen.
- Nicht Spaten oder Grabegabel verwenden, damit die Teichfolie nicht beschädigt wird.
- Wurzeln benachbarter Gehölze können flach wachsen – daher vorsichtig arbeiten.

Der Spätsommer ist die optimale Jahreszeit für die Bepflanzung der Uferzone. So können die Stauden vor dem Winter gut einwurzeln. Die Pflanzarbeiten sollten bis Mitte Oktober abgeschlossen sein.
Entfernen Sie vor der Pflanzung Blüten und Samenstände, so geht die Kraft in die Wurzelbildung. Markieren Sie sich die frisch gesetzten Pflanzen mit Stöckchen oder Etiketten, um den Austrieb im Frühjahr kontrollieren zu können. Die Pflanzzwischenräume am Ufer kann man mit einigen größeren Kieselsteinen schmücken. Im Spätherbst sollte die Pflanzung großzügig mit Rindenmulch abgedeckt werden.
Wer den Teich erst im Frühjahr fertig stellt, kann auch noch im April die Stauden setzen. Allerdings sollte man hier eine Startdüngung in Form von Volldünger unter die Erde mischen, damit sich die Pflanzendecke rasch schließt.

TIPP

Im ersten Jahr sind die Abstände zwischen den Stauden noch recht groß. Pflanzen Sie einige Sumpf-Vergissmeinnicht *(Myosotis palustris)* dazwischen, damit sich die Pflanzendecke schnell schließt und sich kein Unkraut ausbreitet.

Wie Sie pflegen

Im ersten Jahr

Im zeitigen Frühjahr bekommen die frisch gepflanzten Stauden etwas Dünger. Dazu entfernt
man vorsichtig die Mulchdecke rund um die
Stauden, arbeitet Hornspäne in den Boden ein
und schließt die Mulchdecke wieder.
Einige Fruchtstände der **Akeleien** zum Versamen stehen lassen. **Akeleien** wie auf Seite 35
beschrieben behandeln.
Der **Frauenmantel** wird direkt nach der Blüte
kräftig zurückgeschnitten. Der neue Laub-
austrieb wirkt frischgrün, die Horste bleiben
kompakt.
Eine zweite Düngergabe im Juni ist für **Schaublatt, Prachtspiere** und **Silberkerze** zu empfeh-
len. Ist die Blüte der **Silberkerze** im ersten Jahr
noch nicht standfest, bindet man sie an einen
fingerdicken Bambusstab.

Nach dem Einwachsen

Der **Goldfelberich** entwickelt sich innerhalb von
wenigen Jahren zu einem stattlichen Horst, der
alle vier bis fünf Jahre geteilt wird.
Die **Primeln** bilden Tochterrosetten. Stehen diese dicht nebeneinander, werden die Pflanzen
schwach und blühen nur noch mäßig. Teilung
sorgt für neue Vitalität.
Im Herbst und Frühjahr verwöhnt man die
Pflanzung mit reifer Komposterde. So erhalten

Der dichte Bewuchs von verschiedenen Farnen, Riesensegge
(Carex pendula) und Tafelblatt *(Astilboides tabularis)* verleiht
dem Teichrand eine natürliche Ausstrahlung.

die Stauden ausreichend Nährstoffe. Die trockenen Blüten- und Fruchtstände und Blätter werden erst im zeitigen Frühjahr abgeschnitten.

Was Sie auch nehmen können

statt ② 1 x Wachsglocke *(Kirengeshoma palmata)*,
80 cm hohe, dichte Horste, gelbe Glöckchen
im Herbst

statt ⑦ 4 x Gauklerblume *(Mimulus hybridus)*, gelbe
Blüten mit roten Punkten, versamt sich

statt ⑤ 1 x Riesensegge *(Carex pendula)*, große
Horste mit überhängenden Blüten

Willkommensgruß aus dem Vorgarten

Der Vorgarten gilt als Visitenkarte eines Hauses. Entsprechend wertvoll ist ein guter Eindruck. Diese Gestaltung zeigt sich vom zeitigen Frühjahr bis in den späten Herbst abwechslungsreich.

Hauptaspekte dieser Gestaltung:

- Der Vorgarten hat zu jeder Jahreszeit ein eigenes Gesicht.
- Pflegeleichte Pflanzenauswahl.
- Reich an verschiedenen Strukturen.

Das Beet im Jahreslauf

Mit den Primelblüten und Lenzrosen beginnt der Frühling. Rasch gesellen sich die weißen, fedrigen Blütenkerzen der Schaumblüte dazu. Azaleenblüten mit süßlichem Duft, Pfingstveilchen, Storchschnabel und Herzblume begrüßen den Sommer. Die Silberkerze schiebt nun ihre Blütenstände in die Höhe, ebenso wie der Eisenhut. Die feinen Rispen der Wiesenraute tanzen bis zum Herbst, während sich das Laub bei Funkien, Azaleen sowie Storchschnabel kräftig verfärbt und Orangetöne ins Spiel bringt.

1 jeweils 6 x Pfingstveilchen *(Viola sororia)*

2 5 x Herzblume *(Dicentra formosa)*

3 5 x Pracht-Storchschnabel *(Geranium-Hybride 'Johnson's Blue')*

Was Sie brauchen

4 3 x Japanwaldgras
(Hakonechloa macra)

5 5 x Schaumblüte
(Tiarella cordifolia)

6 2 x Herbst-Eisenhut *(Aconitum carmichaelii 'Arendsii')* – im Austrieb

7 1 x Funkie *(Hosta sieboldiana)*,
z. B. 'Elegans'

8 1 x Silberkerze *(Cimicifuga racemosa)* – gerade austreibend

9 4 x Kissen-Primel *(Primula vulgaris)* – bereits eingezogen

10 3 x Lenzrose
(Helleborus-Orientalis-Hybride)

11 5 x Wiesenraute
(Thalictrum delavayi)

12 jeweils 1 x Azalee
(Rhododendron-Hybride),
z. B. Knap-Hill-Hybriden in
verschiedenen Sorten

Wie Sie pflanzen

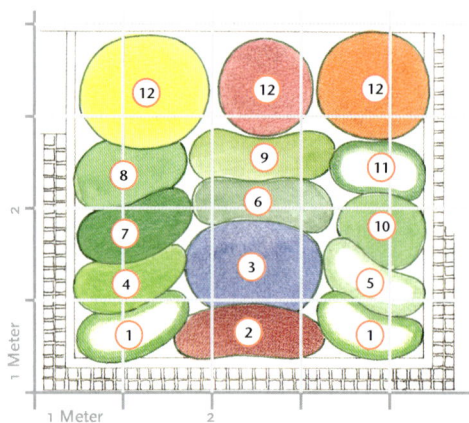

Pflanzplan zur Gestaltung Seite 40 und 41

Die Gestaltung kann man auf der linken Seite des Hauses fortsetzen. Bei tiefem Dachüberstand sollte man erst dahinter mit der Bepflanzung beginnen, damit die **Azaleen** nicht unter anhaltender Bodentrockenheit leiden. Im Winter kann man in die Zweige der Azaleen Lichterketten hängen und so für Abwechslung in den Abendstunden sorgen.

Ist der angrenzende Fußweg reich begangen, kann man das Beet mit einer niedrigen Hecke aus geschnittenem **Buchsbaum** einfassen. Pro Meter benötigt man fünf Jungpflanzen. Schneidet man die Immergrünen zweimal im Jahr, sind die Lücken rasch geschlossen.

Gehölze zuerst pflanzen

Der ideale Zeitpunkt für die Gehölzpflanzung ist der Spätherbst. Die unbelaubten Sträucher können in einer frostfreien Periode als Ballenware gesetzt werden. Achten Sie darauf, dass der Boden tiefgründig gelockert ist, und befüllen Sie die Pflanzlöcher einmal mit Wasser, bevor die **Azaleen** gesetzt werden.

Im zeitigen Frühling ergänzt man die Stauden. Vor der Pflanzung arbeitet man Dünger in den Boden ein, damit die Pflanzen einen guten Start haben. Ideal sind Hornspäne und reife Komposterde. Nach der Pflanzung verteilt man Rindenmulch zwischen die Pflanzen.

Planen Sie gleich ein paar Trittsteine in die Bepflanzung ein. Es empfiehlt sich, um bei der späteren Pflege leicht an die **Azaleen** und das hintere Drittel der Bepflanzung zu gelangen. Unter dem Blattwerk fallen die Steine später nur noch wenig auf.

TIPP

Ersetzen Sie zwei Pfingstveilchen durch die gleiche Anzahl Duftveilchen *(Viola odorata)*. So erscheinen in diesem Bereich schon im Spätwinter die ersten violettblauen Blüten.

Wie Sie pflegen

Der Balkan-Storchschnabel *(Geranium macrorrhizum)* bildet eine dichte Pflanzendecke. Über den aromatisch duftenden Blättern tanzen die zierlichen Blüten.

Im ersten Jahr

Zur Blüte entfernt man alte Blätter der **Lenzrose**.
Azaleen, Eisenhut, Funkie und **Silberkerze** sollten regelmäßig im Frühjahr gedüngt werden. Die anderen Pflanzen erhalten durch Kompostgaben ausreichend Nährstoffe für ein gesundes Wachstum.
Welke **Azaleenblüten** mit den Fingern vorsichtig ausbrechen, damit sich neue Knospen entwickeln.
Standschwache Blütenstiele von **Eisenhut** und **Silberkerze** kann man mit einem Bambusstab

stützen. Welke Pflanzenteile können im Herbst zurückgeschnitten werden.

Nach dem Einwachsen

Werden die **Primeln** blühfaul, so sollte man die Rosetten nach der Blüte aufnehmen und vorsichtig teilen.
Die **Hosta** sollte nach fünf Jahren geteilt werden. Kennzeichnen Sie den Horst im Herbst und nehmen Sie die Pflanze nach dem Einziehen mit der Grabegabel auf. Man teilt den Horst mit einem Spaten in zwei bis drei Teilstücke und pflanzt nur eines ein.
Breitet sich die **Schaumblüte** stark aus, sticht man sie an den Seiten vorsichtig ab.
Wenn die Zweige der **Azaleen** vergreisen und das Laub spärlich wird, sollte man die Pflanzen vor der Blüte mit Dünger verwöhnen und anschließend den Austrieb durch Herausnehmen der ältesten Triebe anregen.

Was Sie auch nehmen können

statt ② 5 x **Balkan-Storchschnabel** *(Geranium macrorrhizum)*, Bodendecker mit gelben Blüten im April, leuchtende Herbstfärbung

statt ⑪ 5 x **Akelei** *(Aquilegia vulgaris)*, lilablaue Blüten an 50 bis 60 cm hohen, verzweigten Stielen, vermehrt sich durch Selbstaussaat

statt ⑫ jeweils 1 **Hortensie** *(Hydrangea macrophylla)* blaue oder rosafarbene Blütenbälle ab Juni bis zum Herbst

Buntes Beet unter Bäumen

Eine gelungene Beetbepflanzung unter Gehölzen bereichert nicht nur den Garten, sondern leitet durch höhere Pflanzen wie Waldschmiele, Frauenfarn und Fingerhut auch elegant zu Rabatten im Hintergrund über.

Hauptaspekte dieser Gestaltung:

- Natürliche Pflanzenvielfalt im Halbschatten.
- Guter Schutz der Baumscheibe.
- Auch für Anfänger geeignet.

Das Beet im Jahreslauf

Das Frühjahr gehört zunächst der Waldsteinie mit ihrem gelben Blütenteppich. Dann stimmen sich blaue Blüten ein: Kaukasus-Vergissmeinnicht und Immergrün. Die Rosetten des Fingerhuts beginnen sich im Mai zu strecken, und es erscheinen die ersten Blüten der Teppich-Glockenblume. Dazwischen legen sich die Blütenschleier der Waldschmiele. Während die Polster der Glockenblume sehr lange blühen, löst die Teppich-Prachtspiere den Fingerhut ab. Danach verklingt das Blütentreiben, und Blattstrukturen übernehmen die tragende Rolle.

Was Sie brauchen

1. 9 x Waldsteinie
   (Waldsteinia ternata)
2. 1 x Rasenschmiele
   (Deschampsia cespitosa)
3. 1 x Frauenfarn
   (Athyrium filix-femina)
4. 1 x Kaukasus-Vergissmeinnicht
   (Brunnera macrophylla)
5. 10 x Teppich-Glockenblume
   (Campanula poscharskyana)
6. 6 x Kleines Immergrün
   (Vinca minor)
7. jeweils 1 x Fingerhut
   (Digitalis purpurea)
8. 6 x Teppich-Prachtspiere
   *(Astilbe chinensis
   var. pumila)*

Wie Sie pflanzen

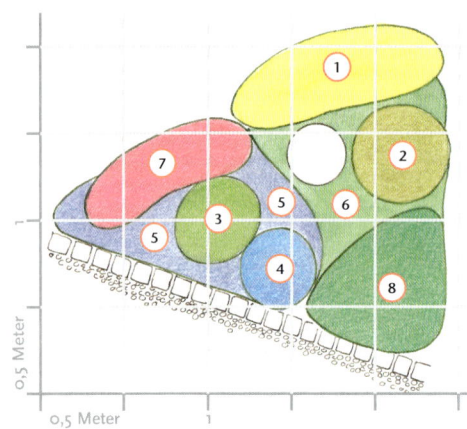

Pflanzplan zur Gestaltung Seite 44 und 45

Bis zum Spätherbst möglich

Die Stauden können bis Ende Oktober gesetzt werden. Vor dem Pflanzen gut wässern. Die ausgetopften Stauden und Farne legt man auf der vorgesehenen Fläche aus. Abstände können leicht korrigiert werden.

Beim Graben der Pflanzlöcher sollte man den Grund mit dem Handspaten nochmals etwas lockern, um das Anwachsen zu erleichtern. Ist das Erdreich am Grund dicht, mischt man etwas reife Komposterde unter.

Teppichastilbe und **Waldschmiele** werden nicht zurückgeschnitten, selbst wenn sie vertrocknen. So erkennt man die Stellen, wo die einzelnen Pflanzen stehen. Erst beim Austrieb im Frühjahr schneidet man trockenes Laub und Blütenstände ab. Anschließend Mulch zwischen die Pflanzen verteilen.

Die Gestaltung gelingt unter einem Gehölz mit einem in die Tiefe wachsenden Wurzelkörper. Ungeeignet wegen der flachen Wurzeln sind Birken und Kiefern. Wollen Sie eine größere Fläche bepflanzen, vergrößern Sie die für Bodendecker vorgesehene Fläche. Man rechnet hier mit etwa acht Pflanzen pro 0,5 m².
Damit zwischen Gehölz und Bepflanzung keine Konkurrenz aufkommt, sollten Sie

- Im Herbst pflanzen.
- Eine dicke Schicht reife Komposterde auf der Baumscheibe verteilen und flach einarbeiten.
- Im Frühjahr düngen und im Herbst reifen Kompost auf der Fläche verteilen.

TIPP

Bei spät gepflanzten Stauden verwenden Sie statt Rindenmulch besser eine Mischung aus reifer Komposterde, Herbstlaub und Häckselmaterial zum Mulchen. Diese Packung ist ein guter Winterschutz und liefert zugleich Dünger beim Austrieb im Frühjahr.

Wie Sie pflegen

Im ersten Jahr

Im Frühjahr düngt man die Fläche.

Die **Waldschmiele** wird im März dicht über dem Boden abgeschnitten.

Die Triebe der **Teppich-Glockenblume** legt man ins Beet, damit sie nicht in den Rasen wachsen. Abgeworfene Knospen, Blüten oder Fruchtteile des Baumes entfernt man vorsichtig mit einem feinen Reisigbesen.

Nach der Blüte kann man die **Immergrün**-Triebe weit unten zurückschneiden und fördert so den Neuaustrieb.

Der **Fingerhut** wird wie auf Seite 15 beschrieben behandelt. Verblühte **Kaukasus-Vergissmeinnicht** entfernen.

Im Herbst schneidet man bei der **Teppich-Glockenblume** nur ihre Blätter und die Triebe zurück. **Frauenfarn, Waldschmiele** und **Teppich-Prachtspiere** lässt man bis zum Frühjahr stehen.

Nach dem Einwachsen

Achten Sie darauf, dass der Übergang an den Rändern sauber bleibt. Angrenzender Rasen wird im Frühling und Hochsommer sauber abgestochen. Regelmäßiges Überstreuen der Fläche mit Humus im Herbst hält die Bodendecker vital.

Wird die **Waldschmiele** zu dicht, nimmt man den Horst auf und teilt ihn.

Die Waldaster *(Aster divaricatus)* verträgt halbschattige und leicht beschattete Plätze. Ihre üppige Blütenpracht sorgt im Spätsommer für einen Höhepunkt mit natürlichem Charme.

Wird das **Immergrün** unschön, sollte man es nach der Blüte einmal kräftig zurückschneiden, damit es neu durchtreibt.

Was Sie auch nehmen können

statt (2) je 1 x Geißbart *(Aruncus dioicus)*, bis 180 cm hoch, cremeweiße Blütenrispen im Juni

statt (4) je 1 x Waldaster *(Aster divaricatus)*, 60 cm hoch, lockere Verzweigung, ab Ende August übersät mit weißen Asternblüten

statt (8) je 1 x Lampionblume *(Physalis alkekengi var. franchetii)*, 50 cm hoch, unscheinbare weiße Blüten ab Juli, im Herbst orangerote »Lampions« als Fruchthüllen

Vor dem Lichtschacht

Im Souterrain lassen sich die Zimmer gut nutzen. Mit dieser Bepflanzung des Lichtschachtes werden die Räume aufgewertet. Hauptaspekte dieser Gestaltung:

- Befestigt das abschüssige Erdreich.
- Blumiger, abwechslungsreicher Ausblick.
- Dezenter Sichtschutz von außen.

Das Beet im Jahreslauf

Blausternchen eröffnen die Saison vor dem Fenster. Im April strecken sich die lilablauen Blütenkerzen des Günsels. Gleichzeitig treiben die verschiedenen Sommerblüher aus. Steine, die das Erdreich halten, verschwinden unter den Blättern von Prachtspiere und Purpurglöckchen.

Die Waldschmiele schiebt im Mai die zarten Blütenstiele in die Höhe. Während die Glockenblumen erste blaue Blüten zeigen, wachsen die Rispen der Prachtspiere in die Höhe. Die zarten Rosatöne nehmen den Dialog zu den Sterndolden im Hintergrund auf. Ab August wiegen sich die Herbstanemonen im Wind.

Was Sie brauchen

1. 4 x Günsel, rotlaubig *(Ajuga reptans)*, z. B. 'Atropurpurea'
2. jeweils 2 x Teppich-Glockenblume *(Campanula poscharskyana)*
3. 1 x Rasenschmiele *(Deschampsia cespitosa)*
4. jeweils 1 x Purpurglöckchen, rotblättrig *(Heuchera micrantha)*, z. B. 'Palace Purple'
5. 4 x Große Sterndolde *(Astrantia major)*
6. jeweils 2 x Prachtspiere, rosa blühend *(Astilbe × arendsii)*, z. B. 'Rosa Perle'
7. jeweils Tuffs mit 5 Zwiebeln Blausternchen *(Scilla siberica)*
8. jeweils 1 x Herbst-Anemone, rosa blühend *(Anemone hupehensis)*, z. B. 'Königin Charlotte'

Wie Sie pflanzen

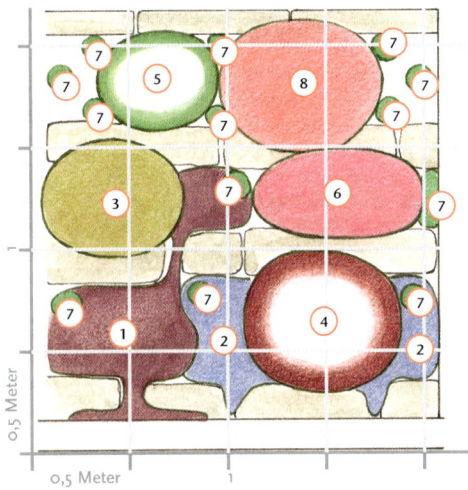

Spätsommer ist ein idealer Pflanztermin

Nach den technischen Vorbereitungen werden die Stauden gesetzt. Am besten legt man die einzelnen Pflanzen in Etappen aus und arbeitet sich von unten nach oben vor.

In kalten Regionen wird die **Herbstanemone** erst im Frühling ergänzt, um Frostschäden zu vermeiden. Grundsätzlich sollte man sie im ersten Jahr mit Laub und Reisig vor Frost schützen.

Nach der Pflanzung werden die Schattenstauden angegossen. Verwenden Sie eine feine Brause und lassen Sie das Wasser versickern. Wichtig ist, dass beim Gießen keine Rinnen entstehen, die die Erde wegspülen.

Zunächst muss die Erde aufbereitet werden. Meist ist der Boden in Hausnähe von keiner guten Qualität. Mischen Sie reichlich reifen Kompost unter und entfernen Sie Schuttreste und Unkrautwurzeln gründlich.

Überprüfen Sie die Wassersituation. Bei einem weiten Dachüberstand bleibt der hausnahe Teil des Beetes selten feucht. Daher in diesen Bereich Kies oder Splitt verteilen.

Ist das Gefälle stark, sollte man unbedingt fußgroße Natursteine zu einem Drittel in die Erde einbauen. Sie helfen das Erdreich zu halten.

TIPP

Verwenden Sie nicht nur Blausternchen, sondern auch Schneeglöckchen *(Galanthus nivalis)* und Winterlinge *(Eranthis hyemalis)*. So beginnt das Frühjahr gleich farbenfroh und abwechslungsreich. Auch sie werden im Herbst gepflanzt. Die Knollen der Winterlinge müssen 24 Stunden zuvor in Wasser einweichen.

Wie Sie pflegen

Wenn die Sonnenstrahlen im Spätwinter kräftiger werden, leuchten die Winterlinge *(Eranthis hyemalis)* wie kleine Sterne. Dazu gesellen sich bereits die ersten Krokusse *(Crocus)*.

Im ersten Jahr

Verwenden Sie die Steine als Trittsteine; so wird die Erde nicht verdichtet.

Der **Günsel** wird nach der Blüte zurückgeschnitten. Normalerweise ist dies nicht notwendig, da man die Pflanzen aus dem Fenster jedoch deutlich sieht, ist es in diesem Fall angebracht. In kalten Regionen empfiehlt es sich, die **Herbstanemonen** erst im April zu pflanzen. Bei anhaltender Sommertrockenheit gießt man das Beet regelmäßig.

Dünger sollte im Frühling und Sommer im Beet verteilt werden, damit sich die Pflanzendecke rasch und dicht schließt.

Abgeknickte Gräserblüten werden entfernt. Ansonsten lässt man die Horste bis zum Frühjahr stehen.

Verblühte **Prachtspieren** werden tief unten abgeschnitten.

Nach dem Einwachsen

Lichten sich die **Günsel**-Teppiche, so nimmt man sie auf und pflanzt nur kräftige Blattrosetten neu. Dies empfiehlt sich auch, wenn die Rosetten sehr dicht stehen und daher nur klein bleiben.

Die **Teppich-Glockenblumen** muss man in ihrem Ausbreitungsdrang etwas zurückhalten. Schneiden Sie störende Triebe einfach weg.

Die **Waldschmiele** wird nach etwa fünf bis sechs Jahren ausgegraben und geteilt.

Wächst das **Purpurglöckchen** hoch, nimmt man es auf und setzt es tiefer wieder ein.

Im Schatten von Rhododendren

Rhododendren gehören zu den beliebtesten Blütensträuchern im Hausgarten. In dieser Gestaltung rahmen Stauden die immergrünen Blütensträucher malerisch ein.

Hauptaspekte dieser Gestaltung:

- Ganzjähriger, pflegeleichter Schmuck für den tiefen Schatten.
- Pflanzung farblich auf die Rhododendronbüsche abgestimmt.
- Zusammenspiel von Blättern und Blüten.

Das Beet im Jahreslauf

Den Auftakt im Gartenjahr machen die Bergenien. Im Mai, wenn sich die Rhododendronblüten öffnen, erscheinen auch die rosafarbenen Lippenblüten der Taubnessel. Die verschiedenen Storchschnäbel stimmen in den Blütenreigen ein. Im Hochsommer schmücken sich Teppichastilbe und Purpurglöckchen mit Blüten.

Im Herbst verfärben sich die Bergenienblätter rot, und auch der Storchschnabel trägt ein buntes Laubkleid. Welke Astilbenblüten und Bergenienlaub verleihen im Winter Struktur.

Im Hintergrund:
2 Rhododendren

1 **3 x Wald-Storchschnabel**
(Geranium sylvaticum)

Was Sie brauchen

- **2** 2 x Bergenie *(Bergenia-*Hybride), z. B. 'Morgenröte'

- **3** 1 x Pracht-Storchschnabel *(Geranium-*Hybride 'Johnson's Blue')

- **4** 5 x Purpurglöckchen *(Heuchera × brizoides)*

- **5** 4 x Teppich-Prachtspiere *(Astilbe chinensis* var. *pumila)*

- **6** 7 x Taubnessel *(Lamium maculatum)*

Wie Sie pflanzen

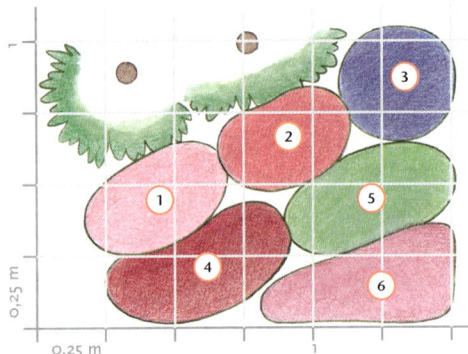

0,25 m

0,25 m

Pflanzplan zur Gestaltung Seite 52 und 53

Die Bepflanzung lässt sich durch Wiederholung auch auf größeren Flächen ausdehnen.

Ist der **Rhododendronsaum** bereits alt und eingewachsen, sollte der Boden gut vorbereitet werden. Wurde die Fläche vernachlässigt, müssen Humus- und Nährstoffgehalt deutlich verbessert werden, da der Boden ausgelaugt ist. Am besten verwöhnt man die Erde mit einer etwa 10 bis 15 cm hohen Schicht aus reifer Komposterde oder Rindenkompost. Geben Sie auch auf die Wurzeln der **Rhododendren** reichlich von dem Gemisch. Der pH-Wert sollte nicht über 5,5 liegen, andernfalls besser Rhododendronerde verwenden.

Der ausgebrachte Humus wird mit einem Dreizahn eingearbeitet. Im Bereich der Rhododendronwurzeln lässt man die Erde wie eine Mulchdecke liegen.

Im Oktober noch pflanzen

Zunächst legt man die Pflanzen auf der vorbereiteten Fläche aus. So lassen sich Pflanzabstände noch leicht korrigieren. Anschließend pflanzt man die Stauden so, dass sie genauso tief in der Erde sitzen wie zuvor im Topf. Ausnahme: Sind die **Bergenien** hochgewachsen, so pflanzt man sie bis zum untersten Blatt in die Erde ein.

Nach der Pflanzung werden die Stauden auch bei feuchter Witterung angegossen und die Fläche wird gemulcht.

Der Mulch dient als Humuslieferant und zugleich als Winterschutz. Die trockenen Blüten und Blätter geben im Frühjahr einen Anhaltspunkt für den Austrieb.

TIPP

Wählen Sie eine Bergeniensorte aus, die im Sommer zuverlässig ein zweites Mal blüht, etwa 'Purpurglocken' oder 'Morgenröte'. So ergibt sich ein hübsches Zusammenspiel mit der Teppich-Astilbe.

Wie Sie pflegen

Im ersten Jahr

Im Frühjahr verwöhnt man die Stauden mit Dünger, damit der Start nach der Herbstpflanzung leicht fällt.

Bergenienblätter, die im Winter gelitten haben, entfernt man vor der Blüte.

Blütenstände von **Prachtspieren**, die im Herbst nicht zurückgeschnitten wurden, können dann ebenfalls entfernt werden.

Soll die **Taubnessel** rasch eine kompakte, geschlossene Decke entwickeln, schneidet man sie nach der Blüte kräftig zurück.

Der **Wald-Storchschnabel** kann nach der Blüte komplett zurückgeschnitten werden. Der Neuaustrieb bringt eine neue Blüte und frisches Laub, das bis in den Herbst dekorativ wirkt.

Nach dem Einwachsen

Wachsen die **Bergenien** im Laufe der ersten Jahre hoch, nimmt man sie nach der Blüte im Frühling auf und setzt sie tiefer wieder in die Erde. Später kann man die Pflanzen auch nach der Blüte teilen.

Damit sich **Storchschnabel** und **Prachtspiere** gut entwickeln, sollte man sie im Herbst regelmäßig mit Komposterde überstreuen.

In die Pflanzung überhängende Äste der **Rhododendren** sollte man durchaus nach der

Vom Storchschnabel *(Geranium)* eignen sich für schattige Plätze verschiedene Arten und Sorten, die durchweg recht pflegeleicht sind. Neben den malerischen Blüten zeigt sich das Blattwerk als schmucker Blickfang.

Blüte mit Schere oder Säge stammnah entfernen.

Wenn die Laubzeichnung der **Taubnessel** im Sommer verblasst, regt man den Neuaustrieb einfach durch einen Rückschnitt an, ebenso beim **Storchschnabel**.

Was Sie auch nehmen können

statt ① 2 x Lenzrose *(Helleborus orientalis*-Hybriden)*, rosarote bis burgunderfarbene Blüten von Februar bis April

statt ⑥ 7 x Günsel, rotlaubig *(Ajuga reptans* 'Atropurpurea')*, violette Blütenkerzen über glänzenden, rotbraunen Blattrosetten

statt ③ 3 x Balkan-Storchschnabel *(Geranium macrorrhizum)*, aromatisch duftendes Laub, auffallende Herbstfärbung, Bodendecker

Praxis – Vorbereitungen

Der Bodenlockerung gilt besondere Aufmerksamkeit. Beim abschließenden Glattharken wird das Erdreich mit Komposterde verbessert.

Vorbereitungen

Bevor man mit den eigentlichen Pflanzarbeiten beginnt, sollte man Zeit für Vorbereitungen einplanen. Grundsätzlich muss meist der Boden verbessert werden. Schattieren Gehölze das Beet, werden diese nach Möglichkeit ausgelichtet. So werden die Anwachsbedingungen für die Stauden,

Gräser und Farne verbessert, und man verhindert, dass die Bepflanzung in den ersten Jahren durch Schnittmaßnahmen gestört wird.

Der Boden im Schatten

Die Pflanzen im Schatten sind nicht nur an die natürliche Lichtsituation angepasst, sondern auch an die vorhandene Bodensituation. Der natürliche Schatten kommt durch Gehölze zustande. Die herunterfallenden Blätter und Nadeln bleiben auf dem Boden zwischen den krautigen Pflanzen liegen und bilden bald eine lockere Humusschicht. Diese hält die Feuchtigkeit gut und erleichtert die Wurzelbildung. Nimmt man die Natur als Vorbild für den Hausgarten, so sollte der Boden im Schatten gut mit Humus versorgt werden, ganz gleich, ob Bäume oder Gebäude den Schatten verursachen.

Humuslieferanten sind:
- Reife Komposterde
- Verrottendes Herbstlaub
- Rindenkompost
- Rindenmulch
- Rasenschnitt
- Häckselmaterial

Der pH-Wert

Neben der Bodenstruktur ist der Säuregrad (angegeben als pH-Wert) ein wichtiger Stand-

Mit einem Test-Set aus dem Fachhandel kann man den pH-Wert des Bodens ermitteln. Wichtig: Probenentnahme und Test erfordern Sorgfalt.

ortfaktor für die Pflanzen. Moorbeetpflanzen und Rhododendren benötigen einen sauren Boden, das heißt, der pH-Wert sollte zwischen 4,5 und 5,5 liegen. Für sie sollte der Gartenboden keinen Kalk enthalten, und auf kalkhaltigen Dünger wird verzichtet.

Im Vergleich dazu gibt es eine ganze Reihe von Schattenpflanzen, die aus Laubmischwäldern mit kalkhaltigem Gesteinsgrund stammen. Diese benötigen zum optimalen Wachstum einen kalkhaltigen Boden (pH-Wert über 7). Zu diesen Pflanzen zählen beispielsweise Lenzrosen und Lerchensporn.

Boden lockern

Das Bodenlockern ist vor allem dann wichtig, wenn Teile stark verdichtet sind. Flächen, die über mehrere Jahre unbepflanzt waren, haben ebenfalls eine schlechte Struktur und sind ausgelaugt.

Eine mechanische Lockerung erreicht man durch Umgraben mit Spaten oder Grabegabel.

Gehölzschnitt

Frei wachsende Hecken sollten vor der Bepflanzung ausgelichtet werden. Dies gilt auch für größere Gehölze, die häufiger geschnitten werden müssen, etwa Obstgehölze.

Die frühjahrsblühenden Sträucher, wie Forsythie und Zierquitte, werden direkt nach der Blüte zurückgeschnitten, damit sich an dem frischen Austrieb Knospen für das folgende Jahr bilden. Sommerblüher wie Weigelie und Falscher Jasmin (Philadelphus) schneidet man im Winter an frostfreien Tagen, ebenso wie Obstgehölze. Grundsätzlich empfiehlt es sich, alte, vergreiste sowie sehr dicht stehende Triebe direkt an der Basis oder an einer Verzweigung abzusägen. So wird die Verjüngung gefördert.

Rückschnitt:
An einer Verzweigung dicht über einem Auge werden dichte Äste herausgeschnitten, um den Strauch auszulichten.

TIPP

Dunkle Wände verstärken die Wirkung des Schattens; man sollte sie daher vor der Bepflanzung hell streichen. So wird Licht reflektiert, und es entsteht eine helle, freundliche Atmosphäre. Gleiches gilt auch für das Lasieren beziehungsweise den Anstrich von Sichtschutzwänden.

Praxis – Pflanzung

Ballenware

Im Herbst und Frühjahr werden Gehölze häufig als Ballenware angeboten. Diese Pflanzen werden auf dem Baumschulfeld ausgegraben, ein so genanntes Ballentuch hält die Erde um die Wurzeln. Vor dem Pflanzen wird ein ausreichend großes Loch gegraben. Der Wurzelkörper muss problemlos darin Platz finden, allerdings darf er nicht zu tief sitzen. Der Aushub kann mit Komposterde verbessert werden, und der Boden des Pflanzlochs sollte mit der Grabegabel etwas gelockert werden. Kurz vor der Pflanzung füllt man Wasser in das Loch und lässt es versickern. Anschließend wird das Gehölz mit dem Ballentuch eingesetzt. Das Gewebe verrottet, ohne das Wurzelwachstum zu beeinträchtigen. Lediglich am Stamm löst man den Knoten oder Draht, mit dem das Gewebe zusammengehal-

ten wird. Der Aushub wird seitlich angefüllt und mit dem Fuß behutsam angetreten. Aus der Erde formt man einen etwa handhohen Gießrand, der verhindert, dass das Gießwasser seitlich wegfließt.

Containerpflanzen

Stauden und Gehölze werden meist im Plastikcontainer angeboten. Eine gute Qualität erkennt man daran, dass die Wurzeln die Erde auch ohne

den Plastiktopf halten, sie aber auch nicht stark aus dem Topfboden herausgewachsen sind. Beim Pflanzen geht man folgendermaßen vor:

- Pflanzen mit Container durchdringend wässern, z. B. in einer Wanne.
- Container vorsichtig entfernen, gegebenenfalls schneidet man den Topf seitlich auf.
- Sehr lange Wurzeln einkürzen.

Stauden pflanzen:
Das Pflanzloch wird so groß ausgehoben, dass der Ballen ausreichend Platz hat und die Wurzeln locker nach unten hängen (links). Die gepflanzte Staude wird angedrückt, sodass sie weder höher noch tiefer in der Erde sitzt als zuvor im Container (rechts).

Vorbereiten:
Ein Pflanzloch wird etwas größer als der Ballen gegraben und die Erde darin gelockert.

Einpflanzen:
Der Wurzelballen wird eingesetzt, das Ballentuch geöffnet. Es verrottet später. Dann den Stützpfahl setzen.

Fertigstellen:
Aushub anfüllen, behutsam antreten und gründlich wässern. Aus restlicher Erde den Gießrand formen.

- Pflanzen auf der vorbereiteten Fläche mit Hilfe des Pflanzplans auslegen.
- Abstände korrigieren.
- Mit der Pflanzschaufel ein Loch graben.
- Ballen einsetzen, sodass die Wurzeln gerade nach unten hängen.
- Aushub seitlich anfüllen und die Pflanze mit zwei Händen andrücken.

- Zum Abschluss die gesamte Fläche gießen.

Zwiebelpflanzen

Frühlingsblühende Zwiebelpflanzen werden grundsätzlich im Herbst zwischen September und Oktober gelegt. Dabei muss die flache Seite, an der meist trockene Wurzelreste zu erkennen sind, nach unten gelegt werden. Als Anhaltspunkt für die Pflanztiefe gilt folgende Faustformel: Die Zwiebel sollte zwei bis drei Mal so tief in die Erde gelegt werden, wie sie hoch ist. Eine 2 cm hohe Schneeglöckchenzwiebel legt man also etwa 5 cm tief in die Erde. Achten Sie darauf, dass der Zwiebelboden direkt auf der Erde liegt und keine Luftlöcher darunter sind, sonst faulen die Zwiebeln leicht.

Praxis – Pflege

Rindenmulch wird unter Sträuchern und zwischen Sträuchern gleichmäßig verteilt. Dies hält den Boden feucht und frei von Unkraut.

Schattenbeete gehören zu den pflegeleichten Bereichen des Gartens. Ist die Pflanzung eingewachsen, reicht die Bodenfeuchtigkeit meist auch im Sommer aus. Auf regelmäßiges Gießen kann man verzichten.

Mulchen

Damit die lockere und humose Bodenstruktur erhalten bleibt, verteilt man im Herbst regelmäßig reifen Kompost oder Rindenkompost zwischen den Pflanzen. Bei dicht wachsenden Bodendeckern, wie Waldsteinie, Ysander, Elfenblume und Immergrün, verteilt man den Humus auf den Pflanzen. So gelangen die Nährstoffe direkt an die Pflanzen, und diese bleiben auch in der Mitte vital. Größere Horste von Geißbart, Frauenmantel und Prachtspiere sollten auch eine Humusabdeckung im Herbst bekommen. So bleiben sie wüchsig, und man kann die Teilung meist um ein bis zwei Jahre hinauszögern.

Rückschnitt bei Bodendeckern

Die dichten Decken von Elfenblume und Immergrün frischt man im Frühjahr nach der Blüte auf, indem man sie zurückschneidet. Dadurch wird der Neuaustrieb angeregt. Bei kleinen Flächen kommt man mit einer mechanischen Heckenschere gut zurecht. Sie wird flach auf der Fläche angesetzt. Bei größeren Flächen kann man auch auf den Rasentrimmer zurückgreifen. Ysander, Frauenmantel und Storchschnabel vertragen den radi-

Rückschnitt:
Nach der Blüte werden die Stiele direkt an der Basis abgeschnitten, um den Neuaustrieb zu fördern.

kalen Rückschnitt problemlos. Wenn nicht ausdrücklich bei den einzelnen Pflanzvorschlägen auf einen besonderen Rückschnitt hingewiesen wird, lässt man dekorative Blätter und Fruchtstände bis zum zeitigen Frühjahr stehen, um das Winterbild zu beleben. Winter-

beziehungsweise immergrüne Stauden, beispielsweise Bergenien, Lenzrosen und Immergrün, brauchen im Herbst nicht zurückgeschnitten werden. Alle anderen Stauden, wie Funkien, Frauenmantel und Kaukasus-Vergissmeinnicht, schneidet man zurück, wenn die Pracht der Herbstfärbung verloschen ist und sich die Blätter welk auf die Beete legen.

Zwiebelblumen richtig pflegen

Lassen Sie die Blätter und Fruchtstände der Zwiebelblumen stehen, bis sie gelb und trocken werden, damit sie sich selbst aussäen und genügend Kraft für die nächste Saison ansammeln können. Daher ist es wichtig, bei der Pflanzung die Frühjahrsblüher so zu platzieren, dass sie im späten Frühling von krautigen Pflanzen mit großen Blättern überwachsen werden.

Lästige Schnecken

Im Schatten fühlen sich Schnecken wohl. Damit diese Schädlinge nicht den Spaß verderben, hier einige Tipps:

- Verzichten Sie auf Pflanzen mit einem zarten Austrieb.
- Schützen Sie den Austrieb empfindlicher Pflanzen im Frühjahr mit trockener Nadelstreu oder Sägemehl.
- Streuen Sie an die Beetränder Schneckenkorn, um die gefräßigen Schädlinge aus dem Beet zu locken.
- Schnecken sind nachtaktiv. Sammeln Sie die Schädlinge in der Dämmerung ab.

Schnecken legen ihre Eier gern an feuchten Stellen ab. Hier kann man sie morgens und abends absammeln.

Bezugsquellen

Gärtnereien

Die im Buch vorgestellten Pflanzen erhalten Sie in jeder gut sortierten Gärtnerei oder im Gartencenter. Nachfolgend eine Auswahl empfehlenswerter Betriebe mit Versand ohne einen Anspruch auf Vollständigkeit.

Fachbetriebe für Stauden, Gräser, Farne und Gehölze
Staudengärtnerei Klose
Rosenstrasse 10
34253 Lohfelden bei Kassel

Arends Maubach
Monschaustraße 76
42369 Wuppertal

Helmut Stade
Beckenstrang 24
46325 Borken-Marbeck

Huben Pflanzenhandel GmbH
Schriesheimer Fußweg 7
68526 Ladenburg

Staudengärtnerei Gräfin von Zeppelin
79295 Sulzburg-Laufen

Zwiebelblumen
Albert Hoch
Postdamer Str. 40
14163 Berlin

Walter Schmid
Gartencenter
Straubenmühle
73460 Hüttlingen

Versandgärtnereien
Dehner Garten-Center GmbH
86640 Rain am Lech

Gärtner Pötschke
41561 Kaarst

Adressen

Bund deutscher Staudengärtner (BdS)
Gießenerstr. 47
35305 Grünberg

Bund deutscher Baumschulen (BdB)
Bismarckstr. 49
25421 Pinneberg

Bodenuntersuchung
Adressen von Bodenuntersuchungsstellen erhalten Sie bei:
VDLUFA
Bismarkstr. 41a
64293 Darmstadt

Liebhabervereine
Gesellschaft für Staudenfreunde e.V.
Meisenweg 1
65795 Hattersheim

Deutsche Rhododendron-Gesellschaft
Julia Westhoff
Marcusallee 60
28359 Bremen

Stichwortverzeichnis

Bildnachweis:

Innenteil:
Borstell: 1, 2, 6, 7, 11, 15, 19, 23, 26, 31, 35, 39, 47, 51
MaeDia: 57
Redeleit: 56 unten rechts, 59
Reinhard: 61
Ruckszio: 51
Seidl: 43, 55
Stork: 60
Strauß: 56 oben links, 58

Umschlagfotos:

Vorderseite: Seidl

Vordere Klappe/Außenseite:
Adams: or, ul
Borstell: mm, mr, ur
Hagen: ol
Reinhard: om, um
Ruckszio: ml

Vordere Klappe/linke Innenseite:
Adams: om, um
Borstell: or, mm, mr
Reinhard: ol
Ruckszio: ml
Seidl: ul, ur

Vordere Klappe/rechte Innenseite:
Adams: um
Borstell: om, or, mm, mr

Reinhard: ml, ul, ur
Seidl: ol

Hintere Klappe/Außenseite:
Adams: ol, om
Borstell: ml, mr, ur
Reinhard: or
Ruckszio: mm, ul
Seidl: um

Hintere Klappe/linke Innenseite:
Borstell: ml, mm, um
Reinhard: om, ur
Ruckszio: or, ul
Seidl: ol, mr

Hintere Klappe/rechte Innenseite:
Adams: ul, ur
Borstell: ml
Hagen: umReinhard: ol, om, or, mr
Ruckszio: mm

Grafiken:

Reinhild Hofmann: 8/9, 13, 16/17, 20/21, 24/25, 28/29, 32/33, 36/37, 40/41, 44/45, 49, 52/53
Ruth Fritsche: 10, 14, 18, 22, 26, 30, 34, 38, 42, 46, 50, 54

Die Deutsche Bibliothek – CIP-Einheitsaufnahme

Ein Titeldatensatz für diese Publikation ist bei
Der Deutschen Bibliothek erhältlich

BLV Verlagsgesellschaft mbH
München Wien Zürich
80797 München

© 2002 BLV Verlagsgesellschaft mbH, München

Das Werk einschließlich aller seiner Teile ist urheberrechtlich geschützt. Jede Verwertung außerhalb der engen Grenzen des Urheberrechtsgesetzes ist ohne Zustimmung des Verlags unzulässig und strafbar. Das gilt insbesondere für Vervielfältigungen, Übersetzungen, Mikroverfilmungen und die Einspeicherung und Verarbeitung in elektronischen Systemen.

Umschlaggestaltung:
Joko Sander Werbeagentur, München

Layoutkonzept Innenteil:
Parzhuber und Partner, München

Lektorat: Dr. Thomas Hagen
Herstellung und DTP: Angelika Tröger

Reproduktionen: Repro Ludwig
Druck: Appl, Wemding
Bindung: Conzella Urban Meister

Gedruckt auf chlorfrei gebleichtem Papier

Printed in Germany ·
ISBN 3-405-16104-5